Faculté de Droit de Paris.

THÈSE
Pour la Licence.

L'acte public sur les matières ci-après sera soutenu,
le vendredi 21 juillet 1854, à onze heures,

Par FERDINAND VEILLET, né à Saint-Marcel (Saône-et-Loire).

Président : M. MACHELARD, Professeur.

Suffragants :
MM. DE PORTETS,
PELLAT,
ORTOLAN,
RATAUD,

Professeurs.

Suppléant.

*Le Candidat répondra en outre aux questions qui lui seront faites
sur les autres matières de l'enseignement.*

PARIS.

VINCHON, FILS ET SUCCESSEUR DE Mme Vve BALLARD,
Imprimeur de la Faculté de Droit,
RUE J.-J. ROUSSEAU, 8.

1854.

3297

A MA MÈRE,

Amour et reconnaissance.

A LA MÉMOIRE DE MON PÈRE.

JUS ROMANUM.

<hr>

DE USUFRUCTU ET QUEMADMODUM QUIS UTATUR FRUATUR.

Tria sunt in dominio jura : usus, fructus et abusus.

Quæ quidem jura in unius pluriumve caput concurrere pos-
sunt aut diversiter divisi. Potest enim fieri : vel singula singu-
lis competere, uni usum, alteri fructus, tertio abusum ; vel duobus elementis conjunctis, usum ex proprietate esse separatum,
quo casu inveniemus usuarium et dominum ; vel ad unum jus
abutendi, ad alterum pertinere jus utendi et fruendi, quod dicitur ususfructus.

Ergo ususfructus est jus alienis rebus utendifruendi salva
rerum substantia :

Uti est jus utendi re aliena et non fruendi ;

Frui est omnes fructus qui ad fructuarium pertinent jus per-
cipiendi ;

Alienis rebus, quia nemini res sua servit ;

Salva rerum substantia, quod quidem duobus intelligitur
modis, sive fructuarius rem servare et non ejus substantiam
corrumpere debet ; sive usumfructum, quandiu res, exstare ;

nam cum sit jus in corpore sublata rei substantia, tollitur etiam ususfructus.

DE USUSFRUCTUS CONSTITUTIONE.

Pluribus modis ususfructus constitui potest :

Alienatione, id est deductione ususfructus in mancipanda proprietate;

Adjudicatione, quum enim in familiæ erciscundæ judicio legitimo, et communi dividundo res commode dividi non potest, tunc uni proprietatem, alteri usumfructum judex adjudicat;

Cessione in jure, qua dominus, in fictiva lite alii cedit usumfructum, ut ipse retineat proprietatem;

Pactionibus et stipulationibus quarum oritur consuetudo in provincialibus prædiis vendendis;

Denique et frequentissime testamento vel donatione.

Dividuus est ususfructus, et enim pro parte divisa vel indivisa constitui potest, ad certum tempus et ex certo tempore, vel sub conditione dari potest; non tamen ex die mortis ejus cui relinquitur; in id tempus enim confertur quo a persona discedere inceperit.

Ultimorum imperatorum constitutionibus, novus constituendi ususfructus modus introductus est. Lege enim constituitur patri in bonis adventitiis filii.

IN QUIBUS REBUS USUSFRUCTUS POTEST CONSTITUI.

Omnibus in rebus procul dubio constitui potest ususfructus, dum in commercio sint neque usu consumantur. Etenim in rebus fungibilibus puro usu extinguitur ususfructus. Utilitatis tamen causa, senatus censuit posse etiam earum rerum usumfructum constitui : non enim, ut a Justiniano dicitur, senatus earum rerum fecit usumfructum (nec enim poterat), sed per quasi usumfructum constituit, remedio cautionis quam heredi præstat legatarius eamdem quantitatem ejusdem generis et qualitatis æstimationemve restiturum.

Sæpius autem rerum non frugiferarum ususfructus constituitur, veluti vestium, gemmarum, numismatumve ; quod jus verius usus dicatur cum eæ res per se tantum præbent utilitatem et item est de servi operarum usufructu.

Non solum singularum rerum ususfructus constitui potest, sed etiam omnium bonorum, nisi excedat dodrantis æstimationem ; nam lex Falcidia intra dodrantem includit legata.

A QUO ET PER QUAS PERSONAS USUSFRUCTUS ADQUIRITUR.

Usumfructum in re constituere potest, is solus qui hujus rei dominus est, nam alienatio est ; ideoque non solum dominum, sed alienandi capacem oportet esse.

Quibuscumque constitui potest ususfructus, et imo civitatibus; sed ne perpetuus fiat et proprietas sit inutilis, solum per centum annos in eo tuendæ sunt illæ. Tum proprietario ususfructus cedit.

Adquiritur nobis ususfructus, non solum per nosmetipsos, sed etiam per eos quos in nostro jure subjectos habemus; ita per liberos nostros, naturales vel adoptivos, dum in nostra potestate maneant, etiam et per servos. Ususfructus filiofamilias vel servo relictus adquiritur patri et domino.

DE JURIBUS ET ONERIBUS FRUCTUARII DOMINI.

Fructuarius dominum securum faciat necesse est; itaque, si usumfructum petat, prius domino satisdare debet, usurum se boni viri arbitratu.

Quemadmodum vero quis utatur fruatur exponendum.

Et primum quasi bonus paterfamilias utifrui debet; nec deteriorem proprietatis causam, sed meliorem facere potest.

Itaque si areæ legatus sit ususfructus, non ædes imponere poterit; si hortus, non arbores evellere, quanquam nullos fructus ferant, etsi olera velit implantare; si domus, nec balnea publica instituere, nec per cœnacula dividere, nec ad stabulum jumentorum locare, ne quidem altius tollere. Nec magis ædes ampliare possit, nec inutile detrahere, quanquam melius repositurus.

Pariter nec dominus potest prohibere fructuarium ne utatur fruatur; nequit enim ejus conditionem deteriorem facere.

Quum autem fere omnem fundi trahit utilitatem, usufructuario æquum est certa onera incumbere. Quare ædes reficere debet, ita ut sarta tecta habeat; modica enim refectio ad eum pertinet. Et reficere cogi potest; nec autem prohiberi, sive utiles, sive tantum voluptatis causa refectiones faciat. Sed si quæ vetustate corruissent neque dominus, neque usufructuarius reficere debent; at, si dominus refecerit, fructuarium uti passurus est.

Sed si paratus est usumfructum derelinquere nullam ad refectionem cogi potest; nisi forte aliquid suo, vel quorum in potestate habet facto, deterius factum sit.

Item et agrum, secundum boni patrisfamilias consuetudinem, colere debet. Si quæ demortuæ sint arbores, alias substituere debet, et pertinent ad eum pristinæ; sed non ita de iis quæ ventis dejectæ fuerint; quibus nec aliæ substituendæ sint.

Similiter tributa, et vectigalia, et alimenta ex re relicta, solvere debet, quoniam omnes rei tollit fructus.

Si quæ sint in fundo lapidicinæ, aut arenæ metallorumve fodinæ, earum habet usumfructum, etiamsi incepto usufructu inveniantur; sed nec venas quærere possit, si quid agriculturæ noceat. Alluvionis quoque usumfructum habet, non autem insulæ quæ juxta fundum in flumine nata sit.

Ea est fructuarii juris natura, ut non fructuum a principio sit dominus; sed tantum perceptos suos faciat. Et pendentes fructus, incipiente usufructu, decerpere potest, sic et agrorum jam antea locatorum pensiones ad eum pertinent. Non est enim jus in iis quæ natura nascuntur limitatum : scilicet usumfructum et concedere, et vendere, et locare potest; nam per se frui videtur, quoties per emptorem aut conductorem ; is enim re frui videtur, qui de re pretium habet.

Sæpius autem accidit, ut servi ususfructus legetur. Quo quidem legato, quæque servus operis suis, aut ex re fructuarii consequitur, ad eum pertinent ; et per servum ita legatum etiam quæri potest hereditas, veluti si fructuarii gratia testator servum hæredem instituisset.

Certum est servum cogendum operari ; competit enim usufructuario modica castigatio; ne tamen aut torqueat aut flagellis cædat. Et illum sufficienter vestire et alere, secundum conditionem debet ; quam conditionem ne quidem mutare possit, abuti enim videretur proprietate.

Quum autem servæ legatus fuit ususfructus, non usufructuario partus ususfructus pertinet; nunquam enim homo ab homine fructus esse videtur.

Contra fœtus pecorum ad usufructuarium pertinet : aliud autem est gregis, aliud singulorum capitum legari usumfructum. Primo enim casu, cum universitas legata sit, demortuorum vel inutilium capitum in locum, alia debet summittere, ita ut substituta ejus fiant, nec fœtus ejus fiant nisi sit integrum armentum. Contra is cui capitis legatus est ususfructus, si forte pecus pereat, minime tenetur ; jus enim cum re ipsa extinguitur : nec enim corium, vel caro ad eum pertinent.

QUIBUS MODIS FINITUR USUSFRUCTUS.

Ususfructus perit : 1° morte fructuarii et duabus capitis deminutionibus, maxima et media ; etiam minima olim; 2° extinctione temporis aut eventu conditionis ; 3° non utendo ; 4° domino in jure cedendo; 5° consolidatione; 6° interitu, vel mutatione rei.

PROPOSITA.

I. Pactis et stipulationibus non jus ususfructus sed obligatio tantum acquiritur.

II. Si fur decerpserit vel desecuerit fructus pendentes, quis condictionem aut vindicationem intendet dominus fundi aut fructuarius? — Dominus.

III. Cessione in jure ususfructus perimitur.

DROIT FRANÇAIS.

DU CONTRAT DE MARIAGE ET SPÉCIALEMENT DU RÉGIME DE LA COMMUNAUTÉ LÉGALE.

CHAPITRE PREMIER.

Le contrat de mariage est l'ensemble des conventions faites entre les futurs époux, en vue de régler leur rapports pécuniaires.

Dans le but de favoriser les mariages, les rédacteurs du Code, à l'exemple de l'ancienne législation française, ont consacré le principe de la plus grande liberté dans les conventions matrimoniales, et ont permis d'y insérer des clauses qui, dans les transactions ordinaires, seraient une cause de nullité. Les seules limites qu'ils aient imposées sont rangées en trois catégories : toute atteinte portée aux bonnes mœurs, à l'ordre public, aux lois établies.

Remarquons qu'un contrat de mariage n'a de valeur qu'autant que le mariage est célébré ; il est subordonné à son existance ; si le mariage est annulé, les conventions matrimoniales sont également anéanties.

Outre les restrictions apportées au principe de la liberté des conventions matrimoniales, la loi interdit toute dérogation à l'ordre légal des successions, soit que les parties aient voulu régler le partage de leur propre succession allant à leurs enfants, ou de la succession de leurs enfants venant à eux, ou enfin de la succession des enfants qui précéderaient allant aux enfants survivants : de telles dispositions auraient un caractère irrévocable comme le contrat de mariage, et les actes statuant sur une succession non ouverte doivent rester révocables.

D'ailleurs les époux sont sans droit à l'égard de la succession de leurs enfants. Ils pourront disposer de leurs biens personnels par testament ou par donation entre-vifs, en se conformant aux règles du droit commun.

Pour déraciner de la France le droit coutumier, le Code défend aux futurs époux de se référer aux anciennes coutumes, lois ou statuts locaux qui régissaient les diverses parties du territoire, et de les prendre comme base du contrat de mariage. Ce n'est pas à dire qu'il ne soit pas permis d'emprunter à une ancienne coutume des combinaisons qui, bien que non reproduites par le Code, n'en sont pas moins dans le domaine des conventions matrimoniales ; mais pour que les combinaisons soient acceptées, il faut qu'elles paraissent comme l'œuvre de la volonté des parties, et non comme l'œuvre et le reflet de la coutume.

Mais il est permis d'adopter d'une manière générale les différents régimes réglés par le Code : ce sont des contrats tout faits dont il n'est pas nécessaire d'écrire une à une toutes les dispositions.

Ainsi, les époux peuvent adopter de cette manière, soit le régime en communauté, soit le régime dotal ; et dans l'un et l'autre cas, leurs biens seront régis par les règles que le législateur a réunies après les avoir empruntées : la communauté, aux pays des coutumes; le régime dotal aux pays du droit écrit. Il en sera de même lorsque les époux auront adopté d'une manière générale le régime sans communauté, ou celui de la séparation de biens, deux régimes essentiellement distincts et séparés, bien que l'art. 1391 ne les rappelle pas.

Sous chacun de ces régimes, la femme peut apporter une dot. On donne le nom générique de dot aux biens que la femme apporte à son mari pour supporter les charges du ménage (article 1540). Aussi l'apport d'une dot déclaré ou stipulé au contrat ne pourrait-il suffire pour entraîner le régime dotal, dont les principes sont exorbitants. Il ne saurait non plus résulter de la déclaration que les époux se marient sans communauté, ou d'une clause de séparation de biens : ce sera le cas d'appliquer les règles de chacun de ces deux régimes.

Si les époux n'ont fait ni dérogation ni modification au régime en communauté, ce qui comprend le cas assez fréquent où ils n'ont pas fait de contrat, la loi déclare que ce régime formera le droit commun de la France : d'où la dénomination de régime de communauté légale.

Rédaction du contrat de mariage.

Le contrat de mariage doit être rédigé avant la célébration du mariage, et il est toujours subordonné à la condition *si nuptiæ sequantur*. Il est de plus solennel, c'est-à-dire que l'acte notarié est indispensable non-seulement pour la preuve, mais encore pour l'existence même du contrat. Il ne contiendrait pas la plupart du temps des donations, qu'il faudrait cependant la signature de deux notaires et la conservation de la minute.

Publication du contrat de mariage des commerçants.
(Art. 67 et 68 du Code de commerce.)

Lorsque les époux ou l'un d'eux sont commerçants, la loi leur impose une obligation plus rigoureuse dans l'intérêt des tiers. Les fréquentes relations d'affaires que le commerce établit entre eux et le public donnent nécessairement à tous les citoyens un grand intérêt à connaître les conventions de leur contrat de mariage alors qu'elles doivent influer sur leur crédit en donnant plus ou moins de sûreté aux personnes avec lesquelles elles ont à traiter. En conséquence, extrait de ces contrats de mariage, énonçant le régime adopté par les époux, doit être transmis dans le mois de leur date aux greffes des tribunaux de première instance et de commerce, du domicile du mari, ou, s'il n'y a pas de tribunal de commerce, au secrétariat de la maison commune.

Pareille insertion doit être faite aux chambres des avoués et notaires, s'il y en a, conformément à l'art. 872 du Code de procédure civile.

Pour assurer plus efficacement l'exécution de cette mesure, la loi y intéresse directement le notaire, en le rendant passible d'une amende de 100 fr., et même de destitution et de responsabilité envers les créanciers, s'il y a preuve de collusion.

Ainsi que nous l'avons déjà dit, le contrat de mariage n'a d'existence légale qu'à partir de la célébration du mariage; jusqu'à ce moment, les parties peuvent le modifier, mais sous les conditions suivantes :

1° Que ces modifications (improprement appelées contre-lettres) soient constatées par acte passé dans la même forme que le contrat de mariage ;

2° Qu'elles soient faites en la présence et avec le consentement simultané de toutes les parties ;

3° Qu'elles soient rédigées à la suite de la minute du contrat de mariage ;

4° Qu'à la suite de toute expédition ou grosse de contrat, soit transcrite la contre-lettre.

(Loi du 10 juillet 1850 sur la publicité des contrats de mariage.)

Par la disposition de l'art. 1397-1° la loi a voulu sauvegarder
les tiers contre la mauvaise foi des époux ; mais ce moyen était
insuffisant : une loi du 10 juillet 1850, sur l'initiative de MM. Be-
noist-Champy, Demante et Valette, est venu combler cette la-
cune.

Cette loi importante a apporté de notables modifications aux
art. 76 et 1394.

Elle a pour effet l'affermissement du crédit, en faisant connaître aux intéressés, par l'acte de célébration, si les époux
ont ou n'ont pas de contrat et, par suite, de préserver les
tiers contre la fausse déclaration des femmes, qui affirment
s'être mariées sans contrat, tandis qu'elles en ont un.

Aux termes de cette loi, le notaire délivre aux parties un certificat qui devra être remis à l'officier de l'état civil avant la célébration du mariage, et qui donne aux tiers les indications
nécessaires pour qu'ils sachent où prendre connaissance du
contrat de mariage qui les intéresse.

A défaut de contrat, il doit être fait mention de la déclaration
faite par les époux qu'ils se marient sans contrat. Dans ce cas,
la femme est réputée, à l'égard des tiers, capable de contracter
d'après les termes du droit commun, à moins que dans l'acte
qui contiendra son engagement elle n'ait déclaré avoir fait un
contrat de mariage, cas auquel les tiers seraient en faute de ne
pas l'avoir consulté.

Le notaire qui reçoit le contrat de mariage doit, à peine de
dix francs d'amende, faire connaître aux parties cette dernière
disposition. Au moyen de ces précautions, les tiers ne sont plus
exposés à être trompés ; car, ou les époux ont déclaré s'être
mariés sans contrat, et alors la femme est traitée selon les règles

du droit commun, ou ils ont remis le certificat du notaire, et alors le contrat de mariage reçu en son étude est le seul qui puisse être invoqué de part et d'autre.

L'inobservation de cette loi n'entraîne pas d'ailleurs la nullité de toutes les clauses du contrat de mariage ; elle empêche seulement la femme de se prévaloir de l'inaliénabilité exceptionnelle du régime dotal. Elle a été faite pour ce cas particulier, parce que c'est le seul dans lequel les tiers soient sans défense contre la mauvaise foi des époux.

Capacité requise.

En principe, le mineur non émancipé ne figure pas en personne dans les opérations qui l'intéressent. En ce qui concerne le contrat de mariage, le législateur a pensé que pour être conséquent, il devait permettre au mineur de figurer en personne, comme dans le contrat principal : de là l'exception de l'art. 1398 ; seulement, il devra être assisté des personnes dont le consentement est nécessaire à son mariage.

Remarquons que la femme mineure ne peut restreindre son hypothèque légale sur un ou certains immeubles du mari ; c'est ce qui résulte de l'art. 2140, par argument *a contrario*.

CHAPITRE II.

DU RÉGIME DE COMMUNAUTÉ LÉGALE.

La communauté est une société de biens entre époux. Cette société est une personne morale qui dans l'association conjugale a une existence à part ; elle a ses droits et ses obligations distincts des droits et des obligations de chacun des époux, elle a par conséquent des biens et des dettes, un actif et un passif.

Ce régime est d'origine nationale et la loi le préfère aux autres. Si les époux se sont mariés sans contrat, ils sont réputés l'avoir choisi, et on leur en applique les dispositions.

La communauté est légale ou conventionnelle : légale, lorsque les époux n'ont pas fait de contrat de mariage, ou qu'ils ont adopté purement et simplement le régime dont le Code fait le droit commun; conventionnelle, lorsque en adoptant les principes fondamentaux de ce régime, ils y ont cependant introduit des clauses particulières. Dans le premier cas, la loi est l'interprète de la volonté des parties ; dans le deuxième, les parties elles-mêmes ont exprimé cette volonté.

Légale ou conventionnelle, la communauté commence du jour de la célébration du mariage devant l'officier civil, sans qu'on puisse convenir qu'elle commencera à une autre époque, à tel point que si la communauté n'avait été adoptée que sous condition, elle n'en commencerait pas moins, en cas d'accomplissement de la condition, du jour de la célébration.

SECTION Ire.

COMPOSITION DE LA COMMUNAUTÉ.

§ 1er. — De l'actif.

Généralement, l'actif et le passif de la communauté ne comprennent que des meubles ayant appartenu à chacun des époux; les immeubles, à cause de leur valeur considérable, restent toujours propres à celui des époux qui en est propriétaire.

L'actif de la communauté comprend :

1° Le mobilier appartenant aux époux lors de la célébration du mariage, et même tout celui qui leur échoit pendant le mariage par donation et succession. Ceci peut paraître étrange, car les donations et testaments semblent s'adresser plutôt à la personne même de l'époux qu'à la communauté. Cette anomalie s'explique par cette idée ancienne : « *mobilium vilis possessio,* » qui est devenue fort inexacte aujourd'hui, où les fortunes mobilières ont acquis un immense développement.

2° Tous les revenus provenant des biens restés propres à chacun des époux. On peut donc dire que la communauté est usufruitière des propres des époux, d'où la conséquence que les produits extraordinaires perçus sur un propre, tels que coupes de bois de haute futaie, ne tomberont pas en communauté ; les fruits seuls, soit naturels, soit civils, lui appartiendront.

L'art. 1403 a été modifié en partie, par la loi de 1810 sur les mines. Aujourd'hui l'usufruitier n'a droit aux produits de la mine, même lorsqu'elle était ouverte avant la constitution de l'usufruit, que si le propriétaire du fonds était en même temps concessionnaire de la mine. Dès lors, la communauté ne jouira de la mine que si l'époux propriétaire de la surface en était concessionnaire. Quant aux carrières, elles appartiennent toujours au propriétaire du sol, et la communauté en aura l'usufruit, si elles étaient ouvertes avant le mariage. Dans le cas contraire, leurs produits resteront propres à l'époux, parce qu'ils n'auront plus le caractère de fruits.

3° Les immeubles, et à plus forte raison les meubles acquis à titre onéreux pendant le mariage. La raison en est simple, c'est que la communauté possédant tous les capitaux, c'est elle qui a nécessairement payé les immeubles et les meubles, et il est juste qu'ils lui appartiennent.

Pour protéger la communauté qui, étant une personne morale, ne pouvait pas elle-même produire les titres, la loi a créé à son profit cette présomption, que tous les immeubles sont réputés *acquêts* et l'époux qui revendique un immeuble doit prouver qu'il en avait la propriété ou la possession légale avant le mariage, ou qu'il lui est échu depuis à titre de donation ou succession.

Une double exception aux principes est à signaler. D'un côté, certains immeubles possédés par les époux, antérieurement au mariage, tombent dans la communauté : c'est, lorsqu'en dehors de toute convention expresse, ces immeubles ont été acquis dans l'intervalle du contrat à la célébration. La loi verrait là une violation de la bonne foi due au contrat.

D'un autre côté, certains immeubles donnés en remplacement de meubles ne tombent pas en communauté. Ainsi l'immeuble donné par un ascendant à l'un des époux, soit en payement de ce qu'il lui doit, soit à la charge de payer ses dettes, reste propre à l'époux, bien que cette disposition soit réellement à titre onéreux. Le législateur a pensé avec raison que l'époux devait conserver comme propres les biens de famille. Seulement la communauté aura son recours contre l'époux pour les récompenses de droit.

L'acquisition de portions d'un immeuble dont un époux était copropriétaire à titre de licitation, ou autrement, demeure propre à cet époux, sauf récompense à la communauté pour le prix qu'elle a payé, soit que la loi applique ici la règle de l'article 883, soit qu'elle respecte l'intérêt d'affection qu'a l'époux à la conservation de cet immeuble. Lorsque le mari a acheté en son nom personnel l'immeuble dont sa femme était propriétaire par indivis, le Code autorise celle-ci ou à retirer l'immeuble lors de la dissolution de la communauté en remboursant le prix d'acquisition, ou à le laisser en prenant la somme qui représentait sa part de propriété. Ce droit tout spécial dont jouit la femme est connu sous le nom de retrait d'indivision.

Les immeubles reçus en échange, soit de propres, soit d'acquêts, sont subrogés de plein droit à l'immeuble aliéné et comme lui deviennent propres ou acquêts ; s'il y a soultes reçues ou payées, dans le premier cas, l'époux dont le propre aurait été aliéné aura droit à la prélever; dans le second cas, il en devra récompense à la communauté qui en aura fait l'avance.

Sont propres mobiliers :

1° Tous les meubles qui sont advenus aux époux par donation, legs, etc., sous la condition expresse qu'ils n'entreraient pas en communauté ;

2° Ceux acquis en échange de propres mobiliers ou immobiliers ;

3° Comme nous l'avons vu plus haut, tout produit ou fraction de propres lorsqu'ils n'ont pas le caractère de fruits.

§ 2. — Du passif de la communauté et des actions qui en résultent contre la communauté.

Pour composer le passif de la communauté, il faut faire une distinction capitale. Par une anomalie étrange, le Code se rattache à deux principes différents, suivant que l'on se place au moment de la célébration du mariage ou pendant le mariage.

Le principe appliqué dans le premier cas est l'adage de l'ancien droit coutumier : « Là où va l'actif mobilier, là va le passif mobilier ».

Ce principe maintenu par la force de la tradition est souvent très injuste aujourd'hui. En effet, presque toutes les dettes sont mobilières, tandis que l'actif est loin d'être tout mobilier. Dès lors, en faisant tomber dans le passif de la communauté toutes les dettes mobilières qui pèsent sur chacun des époux au moment du mariage, on y fait en définitive tomber toutes leurs dettes, tandis que si leur fortune est en grande partie immobilière, une faible partie de l'actif dotal y est tombée. Un pareil principe se concevait à une époque où, d'une part, beaucoup de dettes étaient immobilières (rentes foncières), et où, d'autre part, l'actif mobilier était moins important qu'aujourd'hui. Un tel résultat est inique et, en fait, les époux modifient presque toujours, sous ce rapport, la communauté légale.

Lorsqu'au lieu de se placer à l'époque de la célébration du mariage, on se place dans le mariage même, et qu'il s'agit de fixer dans quelle proportion les donations ou legs échus aux époux profitent ou nuisent à la communauté, le Code revient au véritable principe en déclarant que la proportion du passif qui tombera dans la communauté sera la même que la proportion de l'actif qui y est déjà tombée.

La contribution aux dettes est régie par ces deux principes.

Quant au droit de poursuite, il est régi par trois principes :

1° L'époux personnellement obligé peut être poursuivi pour la totalité de la dette, sauf son recours contre la communauté si la dette y est tombée ;

2° Quiconque peut poursuivre le mari peut aussi poursuivre la communauté ;

Le mari qui autorise sa femme à contracter, s'engage par cela même, de telle sorte que les créanciers pourront poursuivre la femme personnellement obligée pour le tout, le mari comme l'ayant autorisée, et par conséquent la communauté.

A l'aide de ces principes, nous arriverons facilement à la composition de la masse passive.

Les dettes peuvent se diviser en quatre catégories :

1° Les dettes antérieures au mariage ;

2° Les dettes contractées pendant le mariage ;

3° Les dettes considérées comme charge des fruits ;

4° Les dettes provenant d'une succession ou donation acquise pendant le mariage.

Sous chacune de ces catégories, nous allons examiner si la communauté est tenue de les payer, et si elle les paye avec ou sans récompense.

1° *Dettes antérieures au mariage.*

Dettes du mari. — Dettes relatives aux propres : la communauté en est tenue, sauf récompense par le mari. Dettes mobilières, la communauté en est tenue sans récompense.

Dettes de la femme. — Dettes relatives aux propres : la communauté ne peut être poursuivie ; si en fait elle paye, la femme lui devra récompense. Dettes mobilières : la communauté en est tenue sans récompense, mais à la condition que leur date soit certaine.

2° *Dettes contractées depuis le mariage.*

Dettes du mari. — Dettes relatives aux propres : la communauté en est tenue, sauf récompense. Dettes mobilières : la communauté en est tenue dans tous les cas, sauf celui où elles proviendraient d'un délit.

Dettes de la femme. — Dettes relatives aux propres : la communauté en est tenue, sauf récompense. Dettes mobilières : la communauté en est tenue sans récompense quand la femme est autorisée par le mari, mais elle n'en est pas tenue quand la femme n'est autorisée que de justice.

La femme ne peut engager la communauté sans le consentement de son mari que dans trois cas :

1° Lorsqu'elle contracte comme marchande publique et pour le fait de son commerce ; 2° pour tirer son mari de prison ; 3° pour l'établissement des enfants communs en l'absence du mari, et encore ne peut-elle s'engager dans ces deux derniers cas qu'avec l'autorisation de la justice.

3° *Dettes regardées comme charge des fruits.*

La communauté étant l'usufruitière des propres des époux,

doit naturellement supporter toutes les charges qui sont la conséquence de cette jouissance; ainsi elle payera : 1° les arrérages et intérêts de toutes les dettes personnelles ou non aux époux ; 2° les réparations usufructuaires des immeubles qui n'entrent pas en communauté ; 3° les aliments des époux, les frais d'éducation ou d'entretien des enfants, et toutes autres charges du mariage.

4° *Dettes provenant d'une succession échue pendant le mariage.*

Succession échue au mari. — Si la succession est toute mobilière, la totalité de l'actif tombant dans la communauté, la totalité du passif y tombera. Si la succession est immobilière, aucune partie de l'actif ne tombant dans la communauté, aucune partie du passif n'y tombera. Mais, comme nous l'avons dit plus haut, tout créancier pouvant poursuivre le mari, pourra poursuivre la communauté, celle-ci, dans ce cas, payera sauf récompense.

Si la donation ou succession est partie mobilière et partie immobilière, par exemple pour moitié, alors la moitié de l'actif tombant dans la communauté, la moitié du passif y tombera également ; mais comme la succession est échue au mari, les créanciers pourront poursuivre la communauté pour la totalité du passif. Seulement, comme celle-ci ne doit en supporter que la moitié, le mari devra récompense de l'autre moitié.

Succession échue à la femme. — Si la succession est toute mobilière, et que la femme accepte avec l'autorisation de son mari, alors les créanciers pourront poursuivre la communauté pour tout le passif, puisqu'elle reçoit tout l'actif. Ils pourront aussi poursuivre pour le tout la femme qui s'est personnellement obligée par son acceptation, et même le mari qui s'est obligé en autorisant sa femme.

Si la succession est toute immobilière, aucune partie de l'actif ne tombant dans la communauté, aucune partie du passif n'y tombera. Les créanciers ne pourront donc pas la poursuivre : ils ne pourront non plus poursuivre le mari quand même il aurait autorisé sa femme, par la raison que son autorisation n'a pu lui être aucunement utile, et que la femme seule en a profité.

Si la succession est partie mobilière et partie immobilière, et qu'elle soit acceptée avec autorisation du mari, les créanciers pourront poursuivre la femme pour le tout, le mari et la communauté pour la portion du passif qui y est tombée ; car la communauté est tenue des dettes au prorata de la valeur mobilière à la valeur immobilière. Ce prorata se règle sur l'inventaire que le mari doit avoir fait dresser avant que les biens de la succession soient confondus avec ceux de la communauté. S'il n'avait pris ce soin, la loi, pour sauvegarder les intérêts de la femme, lui accorde, à elle et à ses héritiers, le droit exceptionnel de prouver, lors de la dissolution, la consistance et valeur du mobilier, tant par titre et papiers domestiques, que par témoins, et même par commune renommée. Cette faveur n'est pas spéciale à ce cas particulier et a lieu toutes les fois que le défaut d'inventaire préjudicie à la femme.

Si la femme, au lieu d'être autorisée par son mari, l'était par la justice, les créanciers n'ont de droit que sur les biens de la succession et sur la nue propriété des biens personnels de la femme, à moins que le mari n'ait laissé confondre le mobilier de la succession avec celui de la communauté sans inventaire préalable.

SECTION II.

DE L'ADMINISTRATION DE LA COMMUNAUTÉ ET DE L'EFFET DES ACTES DE L'UN ET DE L'AUTRE ÉPOUX RELATIVEMENT A LA SOCIÉTÉ CONJUGALE.

Dans l'ancien droit français le mari était appelé seigneur et maître de la communauté, aujourd'hui la loi ne lui confère que le titre d'administrateur ; mais ses pouvoirs sont si larges, qu'ils égalent dans presque tous les cas ceux d'un véritable propriétaire; seulement, toutes les fois qu'il y aura doute sur leur étendue , il faudra s'en référer aux règles qui régissent les pouvoirs d'un administrateur et non ceux d'un propriétaire. La femme n'a aucun contrôle sur les actes de son mari , elle ne peut que demander la séparation de biens quand sa fortune est compromise.

Plusieurs distinctions sont nécessaires pour déterminer quels sont les droits du mari. Les droits varient suivant qu'il s'agit d'actes à titre onéreux, à titre gratuit, de testaments, d'obligations provenant de condamnations pécuniaires, enfin de biens personnels de la femme dont il a aussi l'administration.

Actes à titre onéreux. — Le mari a tous les pouvoirs d'un propriétaire.

Actes à titre gratuit. — La communauté est établie dans l'intérêt du ménage, d'où la nullité de toutes donations faites par le mari, soit d'immeubles, soit de meubles à titre universel aux dépens de la communauté, hors celles faites pour l'établissement des enfants communs; il ne peut donner à un étranger que des meubles particuliers, encore ne peut-il s'en réserver l'usufruit.

Par testament le mari peut léguer toute sa part dans la communauté. S'il a légué un objet particulier, le droit du légataire ne sera fixé que par l'événement du partage; il ne pourra revendiquer la chose léguée que si elle tombe au lot du mari ou de ses héritiers, et n'aura dans le cas contraire qu'une action en indemnité.

Condamnations pécuniaires. — Toutes les condamnations pécuniaires peuvent être exécutées sur la communauté sauf récompense; et il n'y a plus à distinguer la nature de la condamnation, car une loi du 31 mai 1854 a supprimé la mort civile.

Tels sont les pouvoirs du mari sur la communauté. Quant à la femme, elle n'en a aucun. Incapable de l'obliger, elle ne peut le faire qu'en vertu soit de l'autorisation maritale, soit de celle de justice ; mais le consentement du mari lui permet seul d'obliger la communauté. C'est parce qu'elle est autorisée à faire le commerce que la marchande publique peut obliger la communauté, sans le concours perpétuel du mari. L'autorisation de justice ne saurait avoir cet effet que dans des cas tout-à-fait exceptionnels, pour tirer le mari de prison ou pour l'établissement des enfants communs. Mais nous pensons que le pouvoir discrétionnaire du juge pourrait trouver encore d'autres cas d'exception ; l'article 1427 a seulement voulu dire que, même dans les cas les plus favorables, l'autorisation de la justice est nécessaire à la femme pour contracter valablement.

De l'administration des biens personnels de la femme.

La communauté a l'usufruit de ces biens et le mari l'administration, il ne peut ni aliéner ni hypothéquer les immeubles de la femme sans son consentement. Son pouvoir est restreint à administrer à la charge de rendre compte et d'indemniser sa femme lorsqu'il ne gère pas en bon père de famille. Il peut exercer seul toutes les actions mobilières possessoires et pétitoires, et les actions immobilières possessoires qui appartiennent à la femme, mais celle-ci par voie d'exclusion conserve l'exercice de l'action immobilière.

Des baux. — Le mari qui peut aliéner les immeubles de la femme avec son consentement peut, à plus forte raison, faire avec ce consentement des baux d'une durée illimitée ; s'il a seul fait les baux, et qu'ils excèdent neuf années, ils ne seront obligatoires pour la femme et ses héritiers que pour ce qui reste à courir de la période de neuf ans dans laquelle se trouvent les parties lors de la dissolution. D'un autre côté le mari, par le même motif, ne peut renouveler les baux même moindres de neuf ans plus de deux ou trois ans avant l'expiration des premiers, suivant qu'il s'agit d'une maison ou d'un fonds rural. Ces baux seraient sans effet, à moins que leur exécution n'eût commencé avant la dissolution.

Remplois.

Le remploi est l'acquisition d'un propre avec l'argent provenant de l'aliénation d'un autre propre. Cette substitution prend le nom de subrogation réelle.

Mais à quelle condition le bien nouvellement acquis sera-t-il subrogé au lieu et place du propre aliéné? Il faut distinguer, à cet égard, si le propre aliéné appartenait au mari ou à la femme.

S'il appartient au mari, l'immeuble acquis sera subrogé au propre aliéné si le mari a, dans l'acte d'acquisition, déclaré : 1° que le bien est acquis avec les deniers provenant de l'aliénation de son propre ; 2° qu'il est acquis pour lui tenir lieu de remploi ;

S'il appartient à la femme, pour qu'il y ait remploi, la double déclaration du mari est nécessaire ; mais il faut en outre que la femme, avant la dissolution de la communauté, accepte comme propre l'immeuble acquis.

Récompenses.

Nous avons vu que trois patrimoines formaient l'ensemble des biens des époux mariés sous le régime de communauté :

1° Le patrimoine du mari ;

2° Celui de la femme ;

3° Celui de la communauté.

Chacun doit conserver son patrimoine tout entier, et ce qui

en est distrait est considéré comme une avance sujette à restitution. Si cette restitution n'avait pas lieu, les époux pourraient indirectement se faire des libéralités irrévocables et par cela même illégales.

Les récompenses peuvent donc être dues :

I. Par la communauté à l'un des époux. — L'art. 1433 en cite deux exemples :

1° Lorsque le prix d'un propre aliéné pendant le mariage a été versé dans la caisse de la communauté et qu'il n'y a pas eu remploi, la communauté doit récompense à l'époux propriétaire ;

2° Lorsqu'un époux propriétaire d'un fonds dominant a renoncé à sa servitude active moyennant un prix à lui promis par le propriétaire du fonds servant, et que la communauté a touché ce prix.

II. Par l'un des époux à la communauté ; l'art. 1137 en donne plusieurs exemples :

1° Lorsque la communauté a payé les dettes personnelles de l'époux ;

2° Lorsqu'elle a déboursé certaines sommes pour le recouvrement d'un propre ;

3° Lorsqu'elle a avancé des sommes pour la conservation et l'amélioration d'un propre.

En un mot, toutes les fois que l'un des époux a tiré un profit personnel des biens de la communauté, il en doit récompense.

III. Par l'un des époux à l'autre. — Différents exemples : lorsqu'il a détruit ou détérioré le propre de l'autre époux ; lorsque le prix de son bien a été payé par l'autre époux au moyen de la *datio in solutum* d'un propre ; lorsque le prix d'un bien propre à l'un a été employé à payer une dette personnelle de l'autre (art. 1478).

La femme qui intervient dans l'obligation contractée par le

mari pour les affaires de la communauté, n'est réputée, à
l'égard de celui-ci, s'être obligée que comme simple caution, et
comme telle, a un recours soit contre la communauté, soit
contre le mari.

Pareillement le mari aurait droit à être indemnisé, s'il avait
cautionné la dette de la femme, par exemple, en garantissant
la vente qu'elle ferait d'un de ses propres ; mais cette garantie
ne saurait résulter de son simple consentement donné à la
vente.

Des deux côtés, le recours s'exerce au profit de l'époux qui y
a droit, soit sur la part de l'autre dans la communauté, soit sur
ses biens personnels.

Constitution de dot.

La dot peut être constituée soit à un enfant né d'un premier
lit, soit à un enfant commun. Dans le premier cas, l'époux
devra récompense à la communauté, si c'est elle qui a fourni la
somme.

Si la dot a été donnée conjointement par les deux époux à
l'enfant commun, ils sont tenus chacun de la moitié sur leurs
biens personnels, à moins de conventions contraires. Si elle a
été constituée par le mari seul en effets de communauté, elle
est à la charge de la communauté ; car la loi ne voit là qu'une
dette commune acquittée par le mari, agissant en sa qualité de
chef de la société conjugale ; s'il l'a payée avec ses propres, il
en sera seul tenu, et n'aura pas de récompense à réclamer.

Du reste, comme la dot est destinée à supporter les charges
du ménage, et que la constitution est à la fois un contrat à titre
gratuit et un contrat à titre onéreux, toute personne qui a cons-
titué une dot est tenue à la garantie de cette dot, et, sauf stipu-
lations contraires, les intérêts courent de plein droit à partir du
jour du mariage.

QUESTIONS.

I. La communauté n'est ni un statut personnel, ni un statut réel.

II. Lorsque des biens mobiliers, frappés de réserve au profit de l'un des époux, lui sont donnés ou légués à la condition qu'ils ne tomberont pas en communauté, cette clause est valable.

III. Le trésor découvert dans le fonds de l'un des époux tombe dans la communauté.

IV. Lorsque les époux conviennent que les fils seront élevés dans la religion du père, et les filles dans celle de la mère, la convention est nulle.

V. L'immeuble donné conjointement aux deux époux n'est propre, pour partie à chacun, qu'autant que la donation est faite avec expression de parts.

VI. La femme peut, avec l'autorisation de justice, en cas d'absence de son mari, obliger la communauté dans d'autres cas que les deux prévus par la loi.

Vu par le Président de la thèse,
MACHELARD.

par le Doyen,
C.-A. PELLAT.

www.ingramcontent.com/pod-product-compliance
Lightning Source LLC
Chambersburg PA
CBHW060506200326
41520CB00017B/4931